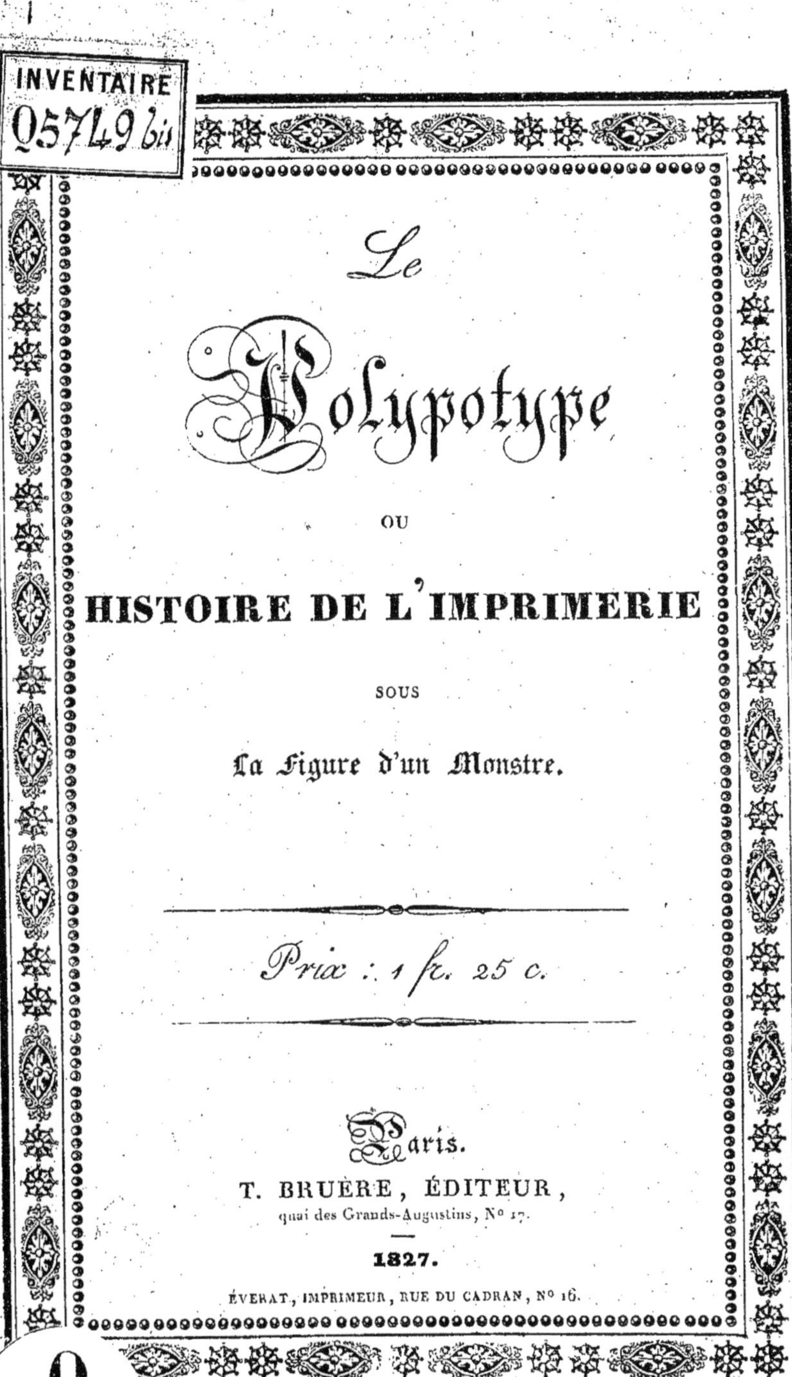

Le Polypotype

OU

HISTOIRE DE L'IMPRIMERIE

SOUS

La Figure d'un Monstre.

Prix : 1 fr. 25 c.

Paris.
T. BRUÈRE, ÉDITEUR,
quai des Grands-Augustins, N° 17.

1827.

ÉVERAT, IMPRIMEUR, RUE DU CADRAN, N° 16.

LE POLYPOTYPE

OU

Histoire de l'Imprimerie

SOUS

LA FIGURE D'UN MONSTRE.

LE

POLYPOTYPE

OU

Histoire de l'Imprimerie

SOUS

La Figure d'un Monstre.

PARIS.

T. BRUÈRE, ÉDITEUR,

quai des Grands-Augustins, n° 17.

1827.

Observation Nécessaire

de l'Éditeur.

De quoi traite votre brochure? dira un *Tranchant.*—De la presse. —La presse n'est qu'une bavarde. C'est ainsi que, souvent à la première vue ou au premier mot, une chose est jugée, surtout si une épithète originale se trouve être en circulation pour prêter de l'esprit à ceux qui ont besoin de cette charité. Mais expliquons-nous : notre titre d'éditeur nous en impose le devoir, et l'on verra bientôt que notre privilége d'auditeur nous facilite le moyen de nous en acquitter.

Il n'en est pas des plaisirs de la campagne comme de ceux de la ville : s'ils y sont plus favorables à la santé, ils y sont aussi beaucoup moins variés ; il faut donc recourir à des distractions qui puissent rompre l'uniformité des occupations journalières et des passe-temps obligés, tels que, la broderie, les caquets et les bouderies, et encore, ces distractions doivent-elles être, autant que possible, conformes à tous les goûts et à toutes les convenances d'âge et de sexe.

C'est du moins à cette nécessité que se trouva réduite, il y a peu de temps, une société, dans laquelle j'ai l'honneur d'être admis. Plusieurs familles se réunissent le soir, dans une des plus agréables maisons de campagne des environs de Paris, et le jardin est naturellement le lieu que l'on préfère : là, aussitôt que les amateurs de l'écarté se sont emparés des tables de jeu, chacun se distribue selon son humeur et ses goûts, les uns se groupent autour d'une harpe et les autres se partagent, soit pour jouer aux petits jeux, soit pour causer en cercle. Parmi ces derniers, il y a un conteur que l'on aime à entendre, et que l'on se plaît à exciter, en lui offrant des récits à faire, des anecdotes à raconter, ou même des sujets à arranger; telle fut, dans une de ces soirées, la relation de l'entrevue de Thémis et de Cupidon, ou de *Justice* et *Amour;* relation qui fut suivie de l'explication des nouveaux synonymes *censeur* et *sans cœur;* puis du jugement qui condamne à l'infibulation les plumes (1)

---

(1) C'est un anneau qui leur traverse le bec.

des journalistes : puis encore la solution du problême : pourquoi les journaux sont-ils plus pesans depuis qu'ils sont vides, que lorsqu'ils étaient pleins ? Enfin, il eut à nous démontrer pourquoi la disparition de l'*Étoile du soir* ne pouvait pas nous faire perdre la *tramontane*. Ici, un homme grave, étonné de ce que notre improvisateur sortait si heureusement de toutes les difficultés qu'on lui présentait, imagina, pour l'écraser sous le faix d'une nouvelle proposition, de le prier de nous raconter l'histoire de l'Imprimerie.

Le conteur ne fut nullement troublé de l'aridité de ce nouveau sujet, mais les auditeurs, non moins effrayés par la discussion dont ils se croyaient menacés, tant sur les dates, que par les noms strangulateurs de *Pfister, Faust,*

Guttemberg et *Dritzehen*, demandèrent, sous le prétexte que la soirée était trop avancée, de remettre cette histoire à la plus prochaine réunion ; ce qui fut adopté par la majorité de l'assemblée dont une partie se promit bien, sans doute, de ne pas s'y trouver ; mais comme j'ai eu l'heureux courage de m'y rendre, et que l'historien m'a paru avoir triomphé des préventions de l'auditoire, je crois faire une bonne œuvre au profit des absens en publiant ce morceau.

Au surplus, je dois déclarer que l'histoire était écrite, qu'ainsi je n'ai, à l'égard de l'impression, d'autre mérite que celui d'avoir fait une copie du manuscrit ; mais le discours qui a précédé la lecture, ayant été improvisé, j'attache, je l'avoue, un certain prix à ce que ces mêmes absens n'ignorent pas qu'ils doivent me savoir quelque gré de l'effort que j'ai fait pour le recueillir malgré mon peu d'habitude de l'art tachygraphique.

Pourquoi vous ferais-je une énigme du sujet que j'ai à traiter? Ce que je n'avouerais pas dès la première ligne serait deviné à la première page. D'ailleurs, vous êtes dans la confidence du mot sur lequel je vais parler ; ainsi autant vaut-il dire franchement et de prime-abord que j'ai écrit l'histoire de l'Imprimerie.

Mais avant de dérouler mon cahier, je crois devoir m'expliquer : 1° sur l'apparente incohérence entre la plaisanterie et le sujet, et 2° sur la figure que j'ai adoptée, figure de laquelle il résulte que j'ai changé le sexe de la presse.

A l'égard de la première objection, j'avouerai que je me suis appliqué, dans ma narration, à conserver le type national puisque la gaîté est le caractère que nous tenons de la nature (1). En effet, chaque division du globe n'a-t-elle pas dans tous les genres, ses productions indigènes? Les hommes, par la forme, par la couleur, le caractère et les mœurs, ne diffèrent-ils pas entre eux, sur chacune de ces parties? Nous sommes à cet égard si complétement soumis à une loi de la nature, que même à Paris, jusque dans les moindres subdivisions, ces différences sont sensibles. Par exemple, qui ne distinguera pas à l'allure ou au langage, un habitué de la rue de *Rivoli*, d'avec un habitant du faubourg St-Martin? Cette nécessité des démarcations y est réduite à un tel degré que dans une chambre seule, oui, dans une seule chambre, il faut en désigner les parties, par le Ventre, l'extrême droite et

(1) La Fontaine a dit: « C'est ce qu'on demande aujourd'hui : on veut de la nouveauté et de la gaieté. Je » n'appelle pas gaieté ce qui excite le rire, mais un certain » charme, un air agréable qu'on peut donner à toutes » sortes de sujets, même les plus sérieux. »

l'extrême gauche, comme on divise notre hémisphère par l'Europe, l'Asie et l'Afrique : après cela est-il donc étonnant, si une loi universelle a voulu qu'un Lapon fût flegmatique et triste, que cette même loi veuille aussi que le Français soit vif et enjoué ?

Toutefois le jugement que l'on porte sur notre caractère est bien inconsidéré : l'on ne décide pas moins légèrement sur nous que si l'on prononçait que le baromètre est un instrument futile parce qu'il ne parle que de la pluie et du beau temps. Mais à part l'influence de notre situation topographique sur nos humeurs, en tous temps, partout comme chez nous, les solennités les plus saintes, les engagemens les plus respectables et les plus sérieux, les actes les plus terribles, sont précédés ou suivis par ce qui excite la joie ou exprime le plaisir.

C'est ainsi que l'on va entendre la musique à une cérémonie religieuse qui a pour but d'arrêter les ravages de la peste : c'est ainsi que de nouveaux conjoints se font illusion sur des années de chagrins et d'adversités, par une nuit passée dans les plaisirs que l'on se procure par les chants et la danse. C'est ainsi que le fifre, le tambour ou la guitare conduit sur le champ de bataille le Prussien, l'Allemand ou l'Espagnol, qui, s'il n'y perd la vie, souvent y laisse un bras ou une jambe (1).

Je ne m'étendrai pas davantage sur cet article; je laisse au dictionnaire des hommes illustres à répondre à tout ce qui donne des titres à la célébrité. Je conclurai par dire seulement, que les grands résultats n'étant pas, parmi nous, au-dessous de ce qu'ils sont ailleurs, je défendrai avec quelque espoir de succès la cause de ceux qui veulent éclairer la multitude avec des contes, surtout dans un siècle où l'on croit encore abuser les peuples avec des sermens (2).

---

(1) En 1808, devant Burgos, le feu du bivouac des grenadiers de la garde impériale était alimenté par des guitares, des mandolines, etc. Mémoire de Mr L. F. J. Bausset. Premier vol., p. 334.

(2) Le grec Lysandre disait qu'il fallait amuser les enfans avec des osselets, et ses ennemis avec des sermens.

Sur la seconde objection, il est inutile de dire que si une bête est un animal, cependant un animal n'est pas toujours une bête, et certes les plus sots adversaires de la presse, ses plus passionnés ennemis, ses plus implacables et ses plus puissans persécuteurs, ne qualifieront pas d'idiot l'être que j'ai animé.

Je n'ai donc pas balancé à saisir cette seule occasion qui s'est présentée à moi, depuis que je respire, d'opérer un prodige. J'ai donné la vie à une machine, non-seulement parce qu'elle parle, mais encore parce qu'elle parle comme un livre. D'ailleurs, qu'ai-je fait en cela de si extraordinaire? Ces métamorphoses sont-elles donc si rares? sont-elles donc si nouvelles? Par exemple, peut-on fixer le siècle où d'une constellation on a fait un chien (1), et de sept jeunes filles une constellation (2)? Mais à présent, sans remonter si haut, et même sans nous

---

(1) La canicule.

(2) Les Pleïades.

arrêter à Ésope, n'admirons-nous pas notre La Fontaine qui a fait parler des grenouilles, qui a fait régner un soliveau, qui a réuni les rats en corps délibérant? Hé bien! ne pourrais-je pas aussi imaginer un conseil dont la présidence serait dévolue à un perroquet? Alors ce conseil serait principalement composé de la paisible marmotte, du coq belliqueux, et, puisqu'il y a des hoche-queues, peut-être trouverais-je aussi des *hoche-têtes* pour compléter cette honorable assemblée : en tout cela, que ferais-je, je vous le demande, Mesdames et Messieurs, que ferais-je donc de si surprenant, ou plutôt de si ridicule ? Ce ne serait après tout, qu'une fable de plus, une fable très-simple : or donc, puisque j'aurais pu d'un perroquet faire un président de conseil, je peux tout aussi bien, ce me semble, faire de l'Imprimerie un animal, et c'est ce que j'ai fait.

Quant à la licence que j'ai prise de changer le sexe de la presse, je répondrai par un axiome irréfragable, *qui peut le plus, peut le moins:*

ainsi puisque je pouvais créer l'être, j'étais libre de lui choisir le sexe. D'ailleurs cette faculté est consacrée par nos usages, et, sans aller bien loin, tel qui n'était hier qu'un très-petit *citadin* est converti aujourd'hui en une *grandeur*.

Mes motifs et mes intentions étant suffisamment connus, permettez que je prenne comme orateur ce qui me serait peut-être refusé plus tard, comme auteur.

(Il boit un verre d'eau, déroule son cahier, et lit ce qui suit.)

LE

POLYPOTYPE

OU

NOTIONS HISTORIQUES

Sur cet Animal.

Introduction Nécessaire

A L'HISTOIRE ABRÉGÉE

DU POLYPOTYPE.

Personne n'ignore que le polype, soit de mer ou d'eau douce, soit de la plus grande ou de la plus petite espèce, est un animal qui se reproduit dans chacun de ses débris : de là est venu, sans doute, que, par analogie, ce même nom a été donné aux jésuites, et par conséquent celui de polypier à tous les repaires où ils résident : tel est

Montrouge. Une analogie non moins parfaite, existant entre l'animal dont j'écris l'histoire, et ces mêmes jésuites, il était naturel que les savans joignissent, au nom que désigne sa faculté dominante, celui que portent les membres de cet ordre. En effet, comme les jésuites, et peut-être plus qu'eux, sa race est d'une nature indestructible. Comme eux il parle toutes les langues, comme eux il invente quelquefois et publie le mensonge, mais plus souvent qu'eux il défend et proclame les vérités les plus saintes, les doctrines les plus sages, les principes les plus utiles, les plus universels et les plus respectables : ainsi, comme eux, son nom pouvait rappeler les rapports de facultés avec l'animal Polypotype.

Réflexions et Particularités

SUR LA

Formation du Polypotype.

Pour suivre la marche régulière qui convient à l'histoire, je dois indiquer la première origine du Polypotype, et comme bien certainement il n'existe que depuis le déluge, puisqu'aucune tradition ne dit qu'il ait fait partie des animaux rassemblés dans l'arche de Noé, il nous faut découvrir les traces occultes qui peuvent nous amener à sa formation matérielle.

Le Polypotype n'ayant pu recevoir un nom qu'après avoir pris une forme, il paraîtra sans doute étrange que l'on puisse dire qu'il a existé avant de naître ; mais expliquons-nous : chaque être n'est-il pas le résultat d'un principe développé, d'un animalcule, d'un germe, puis ensuite d'un fœtus? Hé bien! un lapin, un pigeon, Paul et Jacques, ont été fœtus avant d'être pigeon ou lapin, avant de s'appeler Jacques ou Paul : il en est de même de notre animal, les rudimens de son être ont nécessairement précédé sa formation parfaite, et c'est comme tel qu'il a existé pendant des siècles dans le sein de la nature, ce n'est même guère que comme tel encore (1), qu'il a été placé, par Alexandre, sur les lèvres d'Ephestion; c'est comme fœtus qu'il nous a donné un roi de trèfle ou une dame de pique(2); c'est enfin comme fœtus, quoique plus développé, qu'il a commencé à donner signe de vie, en multipliant l'Apocalypse, ce qui lui a valu le nom de *xylographe* (3). Et c'est de cette dernière conformation qu'il est enfin arrivé à celle de Polypotype,

(1) C'est le cachet qui a donné l'idée de l'empreinte.

(2) C'est l'empreinte des cartes à jouer qui a donné l'idée de l'imprimerie. Cette impression s'appelait *tabellaire :* elle date de Charles V, vers 1380, ou de Charles VI, vers l'an 1422.

(3) Caractères en bois.

métamorphose assez mémorable pour que nous entrions dans quelques détails sur la naissance d'un être que de nouveaux Bébé (1) appellent un monstre, et dont les anciens Egyptiens, les Grecs et les Romains auraient fait un Dieu.

---

(1) Le nain Bébé naquit dans les Vosges; son berceau fut un sabot.

NAISSANCE

DU

POLYPOTYPE.

Qu'avons-nous besoin de l'Amérique pour avoir du sucre, disait, à une certaine époque, un orateur d'estaminet! n'avons-nous point celui d'Orléans (1)?

C'est ainsi que raisonnent encore beaucoup de gens sur beaucoup de choses, et cela parce que nous plaçons toujours l'Instruction sur un trône trop éclatant et trop élevé pour qu'il soit permis à tout le monde de s'entretenir familièrement avec elle.

Ici, pour franchir cet écueil, qui retarde nécessairement les progrès de la civilisation, j'a-

(1) Le sucre affiné à Orléans était réputé le meilleur.

vouerai naïvement que si aujourd'hui le Polypotype est une bête illustre, il ne doit nullement son illustration à une noble origine, car l'on pourrait presque dire que c'est un bâtard, puisqu'il a été la cause d'un procès entre deux prétendans, qui revendiquaient chacun sur lui les droits de paternité (1).

Tout ce que l'on sait de certain sur la naissance du Polypotype, c'est qu'il a poussé ses premières dents sur les bords du Rhin, en Hollande (2), et qu'il a fait usage de ses dernières, encore sur le Rhin, mais en Allemagne (3), et, chose aussi singulière que digne de remarque, c'est que, né Allemand, le latin fut pourtant la première langue qu'il parla (4), et que dès cette époque, il se trouva organisé avec tous les mêmes caractères qui le distinguent aujourd'hui. Au reste nous allons donner la description de cet étonnant animal.

---

(1) Faust et Guttemberg.

(2) Les caractères en bois ont été inventés à Harlem.

(3) A Mayence, caractères fondus.

(4) C'est un vocabulaire ou *catholicon*, appelé aussi *Donat*.

DESCRIPTION

DU

POLYPOTYPE.

Que nos préjugés soient une source de nos faiblesses, ou qu'au contraire, la faiblesse tenant à notre nature, soit la cause première de nos préjugés, peu importe ; il suffit de dire que nous sommes ainsi ; alors, dès l'instant que je reconnais qu'une multitude de personnes, que l'on peut voir de nos jours dans un beau temple, n'auraient pas été anciennement dans une étable, je dois prévoir que ces mêmes personnes, si fières, si dédaigneuses, peuvent très-bien connaître, depuis les antichambres jusqu'aux cuisines, le palais d'un ministre, et n'avoir jamais vu le Polypotype dans son modeste réduit : en conséquence il faut, par une description succincte, que ces personnes sachent ce que c'est que notre nouveau-né.

Cet animal, haut de cinq pieds environ, est un quadrupède qui n'a ni corps ni queue, mais seulement une tête surmontée d'un panache. Sa bouche, et principalement sa langue, étant ce qu'il y a de plus curieux à voir, et de plus important à décrire, en voici l'organisation et les fonctions.

La bouche du Polypotype ne s'ouvre pas comme celle des autres animaux, par un mouvement mandibulaire; la partie supérieure, que nous appelons le palais, reste immobile, mais la mâchoire inférieure s'avance pour recevoir les alimens: cette mâchoire est garnie ou plutôt pavée d'espèces de dents arrangées en lignes, qui servent, non à la mastication, car cet animal n'est pas organisé pour rien mâcher, mais à l'expression de chaque bouchée. De l'extrémité antérieure de la rangée de dents, que l'on appelle en nous *les rieuses*, s'élève une langue qui, à l'aide d'articulaires, s'allonge et se raccourcit. Cet organe est couvert d'une substance membraneuse, mince, spongieuse, opaque, lisse et flexible comme le parenchyme qui couvre les feuilles des plantes.

La langue du Polypotype, par un mouvement régulier et alternatif, se porte en dehors de la bouche : elle se déploie, reçoit une bouchée, se reploie et rentre dans la bouche, où, par une forte compression du panache dont cet animal est pourvu, cette bouchée subit à l'instant une opération qui lui tient lieu de la mastication, de la déglutition et de la coction, puisque le Polypotype rend aussitôt ce qu'il a reçu avec tous les caractères d'une parfaite digestion.

L'on doit concevoir, d'après ce peu de mots sur le Polypotype, qu'un corps lui était inutile, puisque sa bouche seule fait à la fois, et simultanément, les fonctions d'estomac, d'intestins, etc.; il n'est pas moins facile de reconnaître qu'une queue ne lui était pas nécessaire pour le diriger, comme elle l'est à un poisson dans l'eau, ou à un oiseau dans l'air, puisque c'est un quadrupède, et que si la queue est le *chasse-mouche* du cheval, les alimens digérés du Polypotype peuvent, dans l'occasion, lui en tenir lieu; mais de quelle nature sont donc ces alimens? C'est ce que nous allons expliquer dans le chapitre suivant.

NOURRITURE

DU

POLYPOTYPE.

Combien la nature est prévoyante et admirable dans l'ordre de la création ! On voit nager les poissons, on jouit du vol des oiseaux sans réfléchir que l'eau et l'air ont dû exister avant l'invention de ces poissons, avant celle de ces oiseaux, les uns armés de nageoires, les autres soutenus par des ailes.

Cet élégant cygne, que l'on voit plonger, devait vivre de vers, ainsi les vers devaient être formés avant lui, et lui, étant destiné à aller les chercher dans la vase, devait être construit de manière à ce que la tête emportât la queue. Nous marchons sans penser que si la terre n'eût pas été antérieure à toutes choses, le premier homme n'aurait su où poser le pied. Si les plantes, si les arbres n'eussent pas existé avant sa naissance, ou seulement s'il fût né en mars au lieu de naître en automne, comment aurait-il pu attendre la maturité des fruits pour faire son premier repas? Enfin tout ce qui existe est le résultat du même système de prévoyance, du même ordre d'organisation : or donc la sagesse de la puissance créatrice ne pouvait pas permettre que le Polypotype naquît avant qu'il fût pourvu à sa nourriture ; mais il fallait des milliers d'années pour atteindre ce but. D'abord il ne broie pas ; ainsi il ne lui fallait rien à manger ; il ne boit pas, il ne lui fallait rien de liquide. S'il fût né seulement quatre siècles plus tôt, il n'aurait trouvé qu'une mince pellicule qui ne pouvait lui convenir (1), et même cent ans avant qu'il vît le jour, il n'existait encore, pour son service, qu'une pâtée grossière, faite avec du coton. L'aliment qui lui est destiné ne l'attendait guère

(1) Le papyrus provenait d'une plante qui se trouve en Egypte et en Sicile : dans le dixième siècle il servait encore pour écrire.

que depuis une centaine d'années (1) ; et encore cet aliment exigeait beaucoup d'expérience pour le perfectionner au degré convenable à l'appétit vorace de cet animal, et surtout pour répondre à l'immense consommation des nombreuses générations qu'il nous laisse.

Ces perfectionnemens eurent pour but autant la qualité que la quantité ; ainsi, à l'égard de la qualité, la difficulté était telle, qu'encore aujourd'hui il faut beaucoup plus de soins et beaucoup plus de temps pour l'accommodage de l'unique mets dont le Polypotype fait usage, qu'il n'en faudrait pour préparer un banquet aux premiers potentats de l'Europe réunis en sainte-alliance, et cependant il ne s'agit d'abord que de choisir des loques putréfiées dont les misérables chiffonniers sont les pourvoyeurs, et ensuite défilocher cette charpie, de la faire macérer à grande sauce, de la piler et de la réduire en une pâte, qui, ensuite étant feuille-

(1) Le père Montfaucon dit qu'il n'a jamais vu ni livre, ni feuille de papier tel que nous l'employons aujourd'hui, qui ne fût écrit depuis Saint-Louis, c'est-à-dire, depuis 1270.

tée, acquiert toute la consistance, la blancheur et la finesse du papier. Telle est la substance, tel est l'apprêt nécessaire à la nourriture de notre glouton : nourriture dont la consommation est d'autant plus considérable, qu'il n'est pas rare de le voir se repaître nuit et jour. Toutefois, malgré que dès sa naissance le Polypotype eût un appétit insatiable, quelles que fussent les dépenses extraordinaires auxquelles sa nourriture peut donner lieu, il n'en fut pas moins bien reçu et bien hébergé en quelque lieu qu'il se présentât, lorsqu'il se sentit assez de force pour entreprendre de voyager.

Pour qu'il en soit ainsi, dira-t-on, il faut donc que votre animal soit en lui-même une merveille, et par lui-même un moule à prodiges. Il sera ce que vous voudrez ; mais voici en peu de mots ce qu'il produit : chaque bouchée rendue par le Polypotype contient la pensée et exprime toutes les langues des morts et des vivans; par la couleur qu'elles ont reçue, l'on pourrait presque dire qu'elles sont en momies. Cet animal répand à torrent les connaissances de la plus parfaite, de la plus immense encyclopédie; on voit ce qu'il dit, on ne l'entend pas; c'est ainsi qu'il distrait les sourds, pourvu qu'ils ne soient pas aveugles. Ce qu'il dit ici, parcourt les deux mondes et traverse les siècles ; il proclame également les plus grossières erreurs et les plus sublimes vérités ; il est bouffon, jusqu'à faire éclater de rire l'être le plus malheureux ; il est sévère, sérieux et triste, jusqu'à faire verser des larmes à l'homme le plus jovial ; en un mot, la bouche du Polypotype est à la fois une cloaque infecte d'où s'exhale ce qu'il y a de plus impur et de plus pernicieux, et une source d'où découle ce que l'on peut imaginer de plus utile au repos, au bonheur des hommes, à l'ordre, à la paix et à l'union entre les peuples. A présent, jugez s'il ne devait pas être reçu par les maîtres des nations avec plus d'empressement et d'honneur qu'une Giraffe ou des Osages de...

VOYAGES

DU

POLYPOTYPE.

La jeunesse n'est, ce me semble, autre chose que la nouveauté; mais encore lorsqu'elle joint, à ce mérite du moment, la rareté de l'espèce, quel prix n'acquiert pas celui qui réunit ces deux avantages? Et, bien certainement, le Polypotype pouvait, sans vanité, s'en faire honneur. Il n'avait donc que dix-neuf ans (1), lorsqu'il se résolut à aller saluer une ville qui alors, depuis plus de vingt-deux siècles, voyait couler les eaux du Tibre (2); qu'il ait eu l'idée, étant seul de son es-

(1) Rome était fondée 772 ans avant la naissance de J.-C.

(2) En 1459, sous le pontificat de Pie II.

pèce, de se faire un ami de celui qui se distingue dans son genre, entre la sienne, par des caractères uniques; qu'il ait été poussé à ce voyage par un sentiment d'amour-propre, en devenant le porte-voix d'un Pontife, dont les empereurs étaient alors les écuyers (1); qu'il ait eu pour motif l'intérêt ou la curiosité, rien de cela n'est, pour nous, essentiel à approfondir: il nous suffit de faire savoir que le Polypotype est citoyen romain depuis plus de trois cents ans, ce qui, certes, équivaut au moins au titre de Duc de dernière promotion.

Ceux qui ne jugent que sur les apparences pourront penser que notre animal est né inconstant, puisque à peine eut-il achevé un bail de neuf ans à Rome qu'il voulut voir un autre fleuve, connaître un autre pays et parler une autre langue; pour moi, je crois que créé, selon toute apparence, pour gouverner le monde entier, ses diverses résidences, pendant le premier siècle de son adolescence, n'ont été qu'un des effets de sa destinée:

---

(1) *Le pape voulant monter à cheval, l'empereur lui doit tenir l'estrier, et prendre le mors du cheval, et le mener certains pas loing.* (Rituel des cérémonies romaines.)

mais, quoi qu'il en soit, tout en conservant son domicile sur le Tibre comme il l'avait conservé sur le Rhin, où il était né, il passa sur les bords de la Tamise (1), il avait alors vingt-huit ans. Là il fut encore accueilli avec une telle distinction qu'il y est aujourd'hui une puissance à laquelle le souverain et ses ministres rendent hommage.

Il n'était guère possible que l'éclatante prospérité de Polypotype fût bornée à ces trois fleuves; les eaux de la Seine (2) voulurent aussi partager avec les autres l'honneur de lui laver la bouche (cérémonie qui ordinairement suit ses repas). Le souverain (3) de cette contrée, trop cruellement religieux pour faire le bonheur de son peuple, fut cependant remarquable par son urbanité envers ce nouvel hôte; et les Français, loin d'en être jaloux, surent apprécier les éminentes qualités dont cet animal est doué : ils lui vouèrent de l'attachement; et aujourd'hui encore, ces mêmes Français, que l'on accuse d'une si extrême inconstance,

---

(1) A Oxford, en 1468.

(2) A Paris, en 1473.

(3) Louis XI.

identifient leur existence sociale à sa conservation.

Ce qui prouverait au surplus combien le climat de la France lui plaisait, c'est qu'il fut soixante-treize ans sans avoir besoin d'un nouveau passeport. Mais il dut se soumettre à sa destinée, en répondant aux instances du Tage (1), qui désirait avoir une part dans ses bienfaits. Il alla donc honorer de sa présence le sol de la Péninsule espagnole, et il y trouva, du moins à cette époque, un dédommagement des privations qui lui furent imposées en France, sous le nom d'un prince d'ailleurs brave et galant (2).

Depuis cette dernière occupation polypotypique l'on ne peut guère en déterminer d'autres. La puissance du Polypotype s'étendit sur nos deux hémisphères. Cet animal semble toucher au moment d'être le roi d'une monarchie universelle. Exactement parlant, on le voit partout, et il n'est nulle part; semblable à ces météores dont jouissent les habitans voisins des pôles, sa présence se

---

(1) A Tolède, en 1546.

(2) François Ier.

manifeste par une lumière dont on ne voit pas le foyer.

Peut-être croira-t-on que l'histoire du Polypotype finit ici, ce serait une erreur, car il est trop loin d'avoir parcouru sa carrière, pour que les historiens qui nous succéderont n'aient plus rien d'intéressant à en raconter. Dès-lors, il est bien naturel que nous ayons pour les autres l'attention que l'on a eue pour nous, c'est-à-dire, que nous devons suivre, pour nos petits-fils, l'exemple de nos aïeux, qui nous ont laissé les matériaux historiques, que nous sommes très-heureux d'avoir trouvés, sur l'animal le plus extraordinaire qui ait jamais paru sur le globe. Mais alors, dira-t-on, ne nous deviez-vous pas plus de détails sur les circonstances ou sur les événemens de ses voyages? Cette interpellation n'étant pas sans quelque poids, je vais y répondre dans le chapitre suivant.

DANGERS

QUI MENACENT

LE POLYPOTYPE.

Je ne suis pas surpris d'apprendre par l'histoire, en quelle circonstance Annibal perdit un œil, ou bien pourquoi et comment Philippe de Macédoine fut borgne de l'œil droit ; mais je ne concevrais pas que, sans déroger à la noblesse de la narration historique, l'on pût, en nous parlant de son fils Alexandre, nous entretenir de la colique dont ce conquérant fut tourmenté en poursuivant je ne sais plus quels ennemis en déroute.

Un sujet est par lui-même renfermé dans un cercle plus ou moins grand : il est plus ou moins élevé par le caractère du héros, par le génie qu'il a développé, par les obstacles qu'il a franchis, en un mot, par les hauts faits qui l'ont illustré. Ce que je dis d'un homme à l'occasion de ma bête, parce que j'y pense, je le dirais également des causes de la prospérité d'un empire, ou de celles de sa chute : je le dirais de même d'une de ces périodes de temps, qui, sans détruire l'existence d'un peuple, changent les formes de cette existence ; ainsi, par exemple, supposons que le grand œuvre, au développement duquel nous assistons, parvienne à être entièrement couronné du succès, hé bien! l'expliquera-t-on avec les petites anecdotes de ruelles que l'on débite chaque jour sur les hommes d'état qui essaient d'opérer ce phénomène politique? Non, sans doute, on ne pourra jamais y parvenir si l'on ne sait pénétrer dans leur cœur pour y découvrir le germe de cette pensée toute philantropique : que l'enfance, dans le cours de la vie, est le seul moment de bonheur accordé à l'homme; que ce qui est vrai pour un homme, pour cent, pour mille, ne l'est pas moins pour des millions d'individus qui, par conséquent, prennent le nom collectif de peuple ou de nation;

que dès-lors nos grands hommes d'aujourd'hui ont cru être mus par un sentiment de rare sagesse lorsqu'ils ont cédé au désir de refouler cette nation jusqu'à l'enfance des peuples réunis en société; qu'il leur a fallu d'éminentes vertus pour tenter cette noble entreprise, et un intrépide courage pour y réussir. Partant de ce point, l'on connaîtra aussitôt les causes de la guerre déclarée en différens temps et sur diverses parties de l'Europe au Polypotype qui est, il faut l'avouer, par sa nature, le plus redoutable ennemi de l'ignorance et le plus dévoué serviteur de la civilisation. L'on comprend aussitôt que quoiqu'un pape et des rois aient été assez bons, assez généreux pour l'adopter à l'époque de sa naissance, depuis, de grands génies ont pu le considérer comme un adversaire, dont l'existence protégée ou même tolérée serait un obstacle invincible à l'exécution de leur vaste plan de régénération; qu'ainsi il fallait, sinon l'anéantir, ce qui est impossible, du moins lui paralyser la langue. Voilà la marche que suivront les idées si l'opération à laquelle nous assistons est consommée; mais, quelle qu'en soit l'issue, nous devons, je le répète, laisser à nos neveux la relation des événemens qui, en ce moment, accablent le Polypotype, et c'est ce que nous allons faire.

❁

PUISSANCE

QUI SE DÉCLARE

L'ENNEMIE DU POLYPOTYPE.

Un misérable ramoneur, en traversant les plus somptueux appartemens de la capitale, doit souvent s'écrier : Ah ! celui qui habite ici est bien heureux ! Quelle erreur ! Une maladie, des chagrins de famille, la jalousie, quelques embarras de fortune, l'ambition, que sais-je, moi ? Entre mille causes de tribulations, une seule peut l'affecter, et c'est assez pour souffrir, ou du moins pour ne pas jouir de cet état négatif dans lequel seulement on est heureux ; hors de là il y a principe de douleur, comme dans la glace même il y a principe de chaleur. On n'est donc, en dernière analyse, que plus ou moins malheureux. Ce riche négociant, dont vous enviez le sort, attend une banqueroute; cet opulent banquier qui descend de son joli tilbury à la bourse, s'y promène dans les transes d'une hausse ou d'une baisse intempestive qui peut le ruiner : remarquez cet homme en place si arrogant chez lui : suivez-le chez le ministre, il dit bonjour au portier, il sourit aux laquais, il salue le valet de chambre et se courbe devant sa *Grandeur* pour recevoir plus humblement le moindre regard qu'elle daignera laisser tomber sur lui; et ce ministre, oui ce ministre même, pourquoi est-il si froid, si distrait en vous donnant audience...? Ah! si son oreiller pouvait parler, que de singulières révélations il vous ferait? mais, raisonnez par induction, voyez comme il est chiffonné : hé bien! chaque matin il est dans ce pitoyable état; pourquoi? parce que hier sa *Grandeur* avait à déjouer une intrigue de cour; aujourd'hui, parce que son *Excellence* doit tenir tête à un antagoniste puissant et adroit qui vise au portefeuille; demain, parce que, à la tribune, *monseigneur* sera interpellé sur la violation de la Charte, sur un traité soufflé au concours des trois pouvoirs, sur des machinations électorales, sur ses dépenses secrètes, enfin chaque jour nouvelles angoisses pour M. le comte, et chaque nuit nouveau supplice pour l'oreiller : mais ce que l'on ne peut apprendre par cet infortuné, le Polypotype mange toutes les nuits et court tous les jours pour le publier : c'est par lui que l'on sait que ce ministre :

Haï, craint, envié, souvent plus misérable
Que tous les malheureux que son pouvoir accable,

ne peut jouir du repos et goûter les douceurs de son rang et de sa fortune qu'autant que, par une mutilation quelconque, il aura réduit son ennemi à l'impuissance de lui nuire.

En conséquence la guerre va lui être déclarée : mais avant de donner le bulletin des premières hostilités, rendons compte des délibérations secrètes qui ont précédé la publication du manifeste, et celles qui ont déterminé l'adoption du plan de campagne.

EXTRAIT

DU

Procès-Verbal de l'Assemblée

DES

ANTIPOLYPOTYPIENS.

Il n'est pas de ma tâche de décrire les diverses vicissitudes qu'a éprouvées le Polypotype depuis sa naissance, ni même de compter les coups qui lui ont été portés depuis quelques années. Les cris qu'il a poussés après la guérison de ses blessures (car ce n'est guère dans le moment qu'il souffre qu'il se plaint) ne peuvent cesser de retentir aux oreilles des générations futures; mais il est, dans les devoirs que je me suis imposés, de faire connaître les nouveaux périls dont il est menacé, ce qui me coûtera d'autant moins de peine que je peux publier le rapport qui a été fait à l'assemblée antipolypotypienne, chargée d'examiner les divers projets présentés pour affamer le Polypotype.

Rapport de la Commission

DES

Antipolypotypiens.

Messieurs,

« Contre l'usage des orateurs, mon discours ne » sera pas précédé d'un exorde; par cela seul que

» vous nous avez choisi pour examiner des projets » qui tendent à rétablir l'ancienne monarchie, » nous devons nous croire digne de votre suffrage » et nous parlerons.

» Dans la multitude de projets qui vous ont été » présentés, il y en avait d'inadmissibles, nous » les avons jetés à l'écart; un bien petit nombre » de mémoires étaient susceptibles d'examen: nous » les avons placés sur le tapis.

» Parmi ceux que nous avons rejetés, il s'en est » trouvé qui ne concluaient à rien, d'autres pro- » posaient des moyens douteux, impuissans, im- » praticables; un certain nombre paraissaient avoir » été écrits dans des accès de fureur, par l'esprit » de faction, et peut-être même dans des intentions » perfides. Messieurs, vous êtes dévoués à la dy- » nastie autant qu'à la monarchie; vous voulez » assurer la puissance royale, procurer de l'éclat » au trône; en un mot, vous voulez jouir de tous » les biens de la couronne: nous avons donc mis » au rebut ce qui nous a semblé opposé à cette » pensé généreuse, à ce noble sentiment.

» Entre les divers projets qui se distinguent par » la plus onctueuse modération, voici celui qui,

» d'abord, a fixé notre attention : nous allons laisser parler l'auteur, en citant un fragment qui renferme toute sa pensée.

» Il n'est personne d'entre vous, Messieurs, qui ne sache, par Pline l'ancien, qu'une montagne, près de la délicieuse Capoue, produisait les vins exquis de *Massico*, de *Calvi*, de *Formi*, de *Cécube* et de *Falerne*; ces vins (1) étaient devenus, chez les Romains, un luxe de table; ils contribuaient à tous les excès de la sensualité, au scandale d'une effrénée débauche, à la dépravation des mœurs, aux plus affreux désordres publics, et, par la ruine des fortunes particulières, au renversement de l'empire. Croyez-vous, Messieurs, qu'il eût suffi, pour tarir le torrent de malheurs dont ces vins étaient la source, d'en interdire l'usage? Mais quelle qu'eût été à cet égard la rigueur des peines, cette rigueur n'eût fait seulement qu'interrompre l'action du mal! Le bras le plus robuste se fatigue de frapper, « et, aussitôt qu'il suspend ses coups, l'ennemi se

(1) Tel de ces vins avait 200 ans, et coûtait jusqu'à 90 fr. l'once.

» relève. Croyez-vous qu'il eût été plus efficace » de déraciner la vigne? Mais ce bien n'eût encore » été que précaire, il eût pu n'être que d'une courte » durée, puisque plus tard on aurait pu replanter » de la vigne; et personne n'ignore que c'est de » la terre et de l'assiette du vignoble que la vigne » reçoit les diverses qualités qui la distinguent. » C'était donc le sol qu'il fallait dénaturer; mais » cette entreprise est surhumaine; la puissance » suprême pouvait seule procurer ce bienfait, et » la Providence l'a opéré. Des feux volcaniques » ont, en peu des jours, bouleversé à tel point ce » territoire que, depuis ce moment, cette mon- » tagne, couverte de cendres et de pierres, est » stérile, et s'appelle mont *Barbaro*.

» Cet exemple, ajoute l'auteur du projet, en » le terminant, renferme toute ma pensée : les » résultats pestilentiels de la nourriture du Poly- » potype peuvent être comparés au vin, l'animal » à la vigne, et la nation française au terrain. » Changez donc le terrain, Messieurs, changez » donc le terrain! c'est-à-dire, pour parler sans » figure, bouleversez d'un bras vigoureux les ins- » titutions qui, en arrachant aux rois le pouvoir

» de faire le mal, leur ravissent la gloire de nous » faire du bien.

» Nous nous faisons honneur de déclarer à » l'illustre assemblée des antipolypotypiens, que » la commission a adopté, à l'unanimité, cette » sublime vue de l'auteur qui signe le *Diluvien*. » Mais nous devons avouer avec la même fran- » chise, et il serait superflu de nous étendre » pour en développer les raisons, que nous avons » craint que la précipitation n'entraînât à la vio- » lence; ce qui pourrait nous être funeste, si » nous venions à échouer dans l'exécution trop » brusque de cette immense entreprise; ainsi nous » nous sommes réduit à vous présenter ce projet » comme un but éloigné, vers lequel nous devons » tous marcher avec courage, et surtout avec pru- » dence. Mais dès-lors il nous restait à choisir et à » vous proposer les moyens d'y arriver. Deux pro- » jets nous ont dirigé vers cette précieuse décou- » verte; nous nous empressons de vous communi- » quer le résidu, ou, si vous voulez, l'analyse de » chacun de ces deux projets.

» Le premier pétitionnaire a conçu l'idée que » le gouvernement pourrait accaparer, chaque an-

» née, le plus possible de la récolte des chanvres » et des lins, et les faire exporter outre-mer. Il » observe très-judicieusement, que la perte à la- » quelle il faudrait se soumettre pour s'assurer » de la vente, ne s'élèverait pas à une somme » assez considérable pour que les dépenses secrètes » ne pussent pas la couvrir. Par ce moyen, et il » est facile de saisir l'intention du *projettiste* » qui, d'ailleurs, se propose pour diriger cette » entreprise; par ce moyen, disons-nous, le » Polypotype resterait souvent à jeun, puisque, » par cette exportation, on lui couperait les » vivres.

» La commission, sans écarter ce moyen, qui » lui semble tout autant infaillible qu'il est ingé- » nieux, a considéré que l'année est trop avancée » pour organiser le service des achats; mais ce- » pendant il serait plus convenable, peut-être, de » le soumettre aux ministres, afin qu'ils pussent, » s'ils l'adoptaient, arrêter dès aujourd'hui, pour » l'année prochaine, les dispositions nécessaires » à ce service extraordinaire. Vous en déciderez.

» Le second, présente une vue dont le résultat » ne serait pas moins certain : ce serait de peupler,

» les bureaux de la poste aux lettres (1) de nos » amis des Quinze-Vingts, et même de leur en » confier l'administration. Cette nouveauté aurait » pour motifs apparens l'humanité et l'économie, » et son effet réel serait d'entraver et de mettre de » la confusion dans les relations commerciales, » tant de l'étranger que de l'intérieur; de paraly» ser l'industrie et de réduire le travail à un tel » degré de langueur, que la nation serait bientôt » déguenillée (Messieurs, passez-moi l'expression, » elle n'est pas noble, mais elle m'est utile; no» blesse et utilité ne vont pas toujours de compa» gnie). Ainsi, les cuisiniers du Polypotype man» quant prochainement de la matière première » nécessaire à ses alimens, cet épouvantable con» sommateur pâtirait d'inanition, et, pour le » peu qu'il pût jusque-là recevoir encore et rendre » quelques bouchées, elles parviendraient diffici» lement et rarement à leur adresse.

» Ce dernier projet promet la plus complète » identité de résultat avec le précédent, pour affa-

(1) On en excepterait sans doute les *Nyctalopes*, c'est-à-dire, ceux qui seraient chargés de lever les cachets la nuit.

» mer le Polypotype, et tous deux se combinent » parfaitement avec le point final du premier. » Mais cependant l'un et l'autre présentent l'in- » convénient d'un effet trop éloigné pour arrêter » les ravages du monstre : car, incomparables sei- » gneurs, ce qui reste encore de bons draps et de » chemises neuves, nourrirait trop bien, et trop » long-temps pour nous, notre ſormidable ennemi. » Ainsi, tout en vous proposant d'adopter les deux » moyens de l'accaparement et du service des » Quinze-Vingts (car l'un n'exclut pas l'autre), » nous croyons que, comme mesure préparatoire, » vous devez, dès aujourd'hui, prendre le parti » de l'affaiblir, et que l'expédient le plus conve- » nable serait de lui appliquer les sangsues sur la » langue pendant six mois consécutifs. C'est du » moins ce que la commission, votre très-humble » servante, a imaginé de plus efficace; et vu l'ur- » gence, c'est ce qui lui a paru devoir être d'une » exécution aussi prompte que facile. En consé- » quence, j'ai l'honneur de vous proposer, mille » fois illustres antipolypotypiens, le projet d'ar- » rêté suivant, etc. etc. etc. »

Telles furent les conclusions de M. le rapporteur : il s'ensuivit une discussion vive entre les *ardens*, les *lumineux* et les *rampans;* car c'est par ces noms que se distinguent les trois partis qui divisent la chambre cryptique (1) : les premiers, en comparant le ministère à une machine à vapeur, voulaient que l'on scellât le piston, pour produire une salutaire et fracassante explosion ; les autres proposaient de rompre les canaux de l'instruction, qu'ils appelaient le gaz ; enfin, les derniers parvinrent à rapprocher les partis, en présentant une modification au projet de la commission. Ce fut de renoncer à l'application des sangsues, parce que ce moyen est aujourd'hui trop populaire, et d'adopter les Vampires, qui remontent aux beaux siècles des monarchies continentales.

Cette dernière proposition fut donc adoptée, en convenant toutefois que, pour le vulgaire, le vieux nom de vampire sera rajeuni par celui de Censeur, et qu'au surplus le moyen de succion n'étant que transitoire, le mémoire de M. le *Dilu-*

---

(1) Crypte, souterrain où l'on enterre les morts. Cryptie, embuscade où les jeunes Spartiates attendaient les Ilotes pour les tuer.

vien sera le rituel de tous les antipolypotypiens.

En ce moment le Polypotype est dans les douleurs de l'opération et dans les angoisses de nouveaux tourmens. De quelle nature seront-ils? Quelle en sera la durée!..... Le présent est déjà sous le nom de passé, l'héritage de l'avenir : je respecte son droit, et je me tais.....

EVERAT, IMPRIMEUR, RUE DU CADRAN, N° 16.

www.ingramcontent.com/pod-product-compliance
Ingram Content Group UK Ltd.
Pitfield, Milton Keynes, MK11 3LW, UK
UKHW020430180726
13839UKWH00003B/1417